BEI GRIN MACHT SICH IHR WISSEN BEZAHLT

- Wir veröffentlichen Ihre Hausarbeit, Bachelor- und Masterarbeit

- Ihr eigenes eBook und Buch - weltweit in allen wichtigen Shops

- Verdienen Sie an jedem Verkauf

Jetzt bei www.GRIN.com hochladen und kostenlos publizieren

Alice Männl

Deutungen zu Marieluise Fleißers „Der Apfel" und „Briefe aus dem gewöhnlichen Leben"

Zwei Referate

GRIN Verlag

Bibliografische Information der Deutschen Nationalbibliothek:

Die Deutsche Bibliothek verzeichnet diese Publikation in der Deutschen National-
bibliografie; detaillierte bibliografische Daten sind im Internet über http://dnb.d-
nb.de/ abrufbar.

Impressum:

Copyright © 1999 GRIN Verlag GmbH
Druck und Bindung: Books on Demand GmbH, Norderstedt Germany
ISBN: 978-3-656-45715-2

Dieses Buch bei GRIN:

http://www.grin.com/de/e-book/229823/deutungen-zu-marieluise-fleissers-der-
apfel-und-briefe-aus-dem-gewoehnlichen

GRIN - Your knowledge has value

Der GRIN Verlag publiziert seit 1998 wissenschaftliche Arbeiten von Studenten, Hochschullehrern und anderen Akademikern als eBook und gedrucktes Buch. Die Verlagswebsite www.grin.com ist die ideale Plattform zur Veröffentlichung von Hausarbeiten, Abschlussarbeiten, wissenschaftlichen Aufsätzen, Dissertationen und Fachbüchern.

Justus-Liebig-Universität Gießen
Institut für Neue Deutsche Literatur
Seminar: *Marieluise Fleißer*
SS 1999

Marieluise Fleißer

Zwei Referate und Deutungen zu Marieluise Fleißers
„Der Apfel" und „Briefe aus dem gewöhnlichen Leben"

Alice Männl
Steffen Bieker
6. Sem. MA,
Germanistik

Inhalt

Der Apfel

der apfel

die äußere handlung

Ein Mädchen, ihr Freund, und zwei Äpfel, die das Mädchen in einer Zeit der wirtschaftlichen Armut geschenkt bekommt. Den einen verzehrt sie, den anderen will sie ihrem Freund bei seinem nächsten Besuch schenken. Dieser lehnt jedoch ab, worauf das Mädchen den Apfel einem fremden Jungen auf der Straße gibt.

die figuren

Eine Charakterisierung des Mädchens beginnt schon mit dem ersten Satz auf ganz lapidare Weise: „Da war einmal ein Mädchen, dem ging es schlecht."[1] Diese Befindlichkeit wird hauptsächlich auf Ihre Verschlossenheit und Schüchternheit zurückgeführt. Sie hat (anfänglich) zwar Freundinnen, die sie besuchen, allerdings „von der Sorte, daß sie hinterher beim nächsten Straßeneck stehenbleiben und einen ausrichten"[2]. Häufiger Gesprächsstoff bei diesen Treffen ist oft der Klatsch über „merkwürdige Menschen". Das Mädchen, deren Freund ebenfalls als merkwürdig bezeichnet wird, verheimlicht ihren Freundinnen den Freund; allerdings nicht, um ihn vor deren Klatsch zu schützen:

Wer ihn einmal kannte, der mochte [...] nicht mehr von ihm weg, so einzigartig war er. Sie dachte, wenn ich anfinge, von ihm zu reden, so wäret ihr alle miteinander ganz krank vor Neid und möchtet ihn mir gerne ausspannen.[3]

Während das Mädchen ihren Freund über alle Maßen bewundert, verehrt und sich ihm gegenüber extrem zurücknimmt (einmal unterdrückt sie jede Bewegung, um ihn nicht aus seinem Schlaf zu wecken), verhält er sich ihr gegenüber rücksichtslos und gebieterisch. Er untersagt ihr jeglichen Umgang

mit anderen Männern, wobei sie nicht merkt, daß sie das tiefer in die soziale Isolation drängt.

Ihr Freund sagte [...], eines Tages werde ich von dir gehen, dann ist immer noch Zeit für die anderen. Dann weinte sie. Er sagte es ihr oft vor, denn er dachte, das bin ich meiner genialen Veranlagung schuldig. Und so weit hatte er sie, daß sie solche Reden von ihm ertrug und ihn nicht verließ. Denn dies hatte er ihr eingefleischt, daß sie vor allen Dingen Nachsicht haben mußte mit seinen Schwächen.[4]

Ihre zunehmende Verschüchterung (der Begriff *schüchtern* wird in der zweiten Fassung übrigens durch den Begriff *verschreckt* ersetzt, was eine vorangehende äußere Ursache herausstreicht) und die daraus resultierende soziale Verarmung spiegelt sich im wirtschaftlichen Verfall: „Die Mark war schon wieder weniger wert"[5].
Am Ende verläßt sie nicht mehr ihr Zimmer und läßt sich Ausreden einfallen, wenn ihr Freund mit ihr spazieren gehen möchte.

d i e   ä p f e l

Der unerwartete Besuch einer früheren Freundin beschert dem Mädchen zwei Äpfel. Überwältigt davon, daß ihr jemand in der herrschenden Armut etwas schenkt, kann sie sich erst nach sehr langem Zögern und Überlegen dazu durchringen, einen Apfel zu essen (sie schaut sich die Äpfel erst lange an, riecht an einem, fragt sich, ob sie ihn wohl essen könne, sagt sich vor, daß sie ihn ganz alleine aufessen könne, bis sie ihn schließlich verzehrt).
Den zweiten Apfel will sie ihrem Freund schenken, und schon während des Essens fürchtet sie um einen Verlust des Apfels: sie beobachtet ihn, pflegt ihn und träumt sogar, er sei verschwunden.
Trotz ihrer bedingungslosen Aufopferung ihrem Freund gegenüber hat sie einen ungebrochenen Drang, ihm noch mehr zu bieten, meint sogar „ich habe lange nichts mehr gehabt, das ich dir anbieten konnte"[6].

Die Äpfel, ganz allgemein Symbol für Leben, hier vielleicht Lichtblicke in Bezug auf die herrschende finanzielle und zwischenmenschliche Armut (eine frühere Freundin schenkt ihr die Äpfel) – diese Äpfel versucht sie nun, mit ihrem Freund zu teilen, der ja gerade für ihre zwischenmenschliche Verarmung mitverantwortlich ist. Bezeichnenderweise lehnt der Freund ab. Bevor das Mädchen den Apfel ihrem Freund anbietet, liegt dieser in ihrem Bett und sieht aus „wie Adam [...] in seinem starken unbekümmerten Schlaf"[7]. Sie selbst bleibt wach, um ihn nicht zu stören.

Gen 3,5: Sobald ihr davon eßt, gehen euch die Augen auf; ihr werdet wie Gott und erkennt Gut und Böse.

Das Mädchen, das ja einen Apfel gegessen hat, und sich für ihren Freund wachhält, „[riß] immer wieder [...] ihre Augen auf, weil sie ihr blind wurden vor Schlafbedürfnis"[8].

Es scheint, als ob das Mädchen in Anwesenheit, in Anbetracht ihres Freundes von einer lähmenden Blindheit bedroht ist und die Dinge nicht richtig erkennen kann. In der zweiten Fassung heißt es „Immer hatte sie, wenn sie an den Freund dachte, in einen Glanz gesehen"[9], also auch hier ein Motiv der Verblendung. Dieser Glanz erscheint auch auf dem Apfel, den sie ihrem Freund schenken will und in übertriebener Vorsicht und Zuwendung pflegt: „Sie rieb ihn ab mit zärtlichen Händen, bis er überall einen gleichmäßigen Glanz annahm"[10]. Hier deutet sich an, daß eine übertriebene Fürsorglichkeit und Schonung dem Apfel bzw. dem Freund gegenüber eine Verblendung hervorruft, die letztendlich für ihre Situation entscheidend verantwortlich ist.

der showdown

Nachdem ihr Freund den Apfel abgelehnt hat, bezwingt das Mädchen ihre Isolation und entschließt sich, nach draußen zu gehen, und den Apfel einem Kind zu schenken. Sie trifft aber kein Kind, so wie sie es sich vorgestellt hat, lediglich ein Junge geht an ihr vorbei, „mit einem häßlichen Ausdruck in seinem käsigen Gesicht, und obendrein war er voller Ausschlag"[11]. Der Junge kehrt um, geht ein zweites Mal an ihr vorüber und in Anbetracht der verronnenen Zeit verspürt sie den Drang, ihm nun den Apfel zu geben.

Jetzt lief sie sogar hinter ihm her in ihrem Unverstand, sie rief ihn an und hielt ihm förmlich bittend den großen Apfel hin, den er ihr mit einer wüsten Gebärde gleich aus der Hand riß, ganz, als ob sie gekommen sei, um ihm was zu nehmen. Sie blieb einen Augenblick neben ihm stehen und wunderte sich über ihn. In eben diesem Augenblick mußte sie mit ansehn, wie sich der widerwärtige Ausdruck in seinem Gesicht zur gehässigen Bosheit vertiefte.[12]

Sie flüchtet vor ihm, während er ihr nachschreit und die Leute auf ihre beschädigten Schuhe aufmerksam macht.

Der Junge scheint (in dem Augenblick, als er ihre Verwunderung wahrnimmt) zu verstehen, in welcher Situation sich das Mädchen befindet. Doch so, wie sich durch die allgemein herrschende Inflation eine allgemeine Armut an Beziehungsfähigkeit andeutet (es ist ja nicht nur das Mädchen, welches sich in finanzieller Not befindet), so hat auch der Junge nichts besseres zu tun, als ihre Armut in der Öffentlichkeit zu entlarven und sie abzuwehren.

Am Ende setzt sich das Mädchen völlig verzweifelt in ihr Zimmer, macht sich Vorwürfe und weint.

_____

[1] Fleißer: Der Apfel. S. 9. Hier wie im folgenden zitiert nach: Ein Pfund Orangen. Frankfurt 1972.
[2] ebd. S. 9.
[3] ebd. S. 9f.
[4] ebd. S. 10.
[5] ebd. S. 11.
[6] ebd. S. 12.
[7] ebd. S. 13.
[8] ebd. S. 14.
[9] Fleißer: Der Apfel. In: Gesammelte Werke, Bd 3. Frankfurt 1983. S. 24.
[10] ebd. S. 21.
[11] Fleißer: Der Apfel. Frankfurt 1972. S. 15.
[12] ebd. S. 15f.

Briefe aus dem gewöhnlichen Leben

Die zweite Erzählung des Bandes „Ein Pfund Orangen" besteht aus zwei fiktiven Briefen von Anna an ihren Freund Max und dessen Beantwortung durch Max. In ihrem Brief erzählt Anna ihrem Geliebten Max, daß sie bei ihrem ersten Treffen in einem Lokal sich übertrieben minderwertig dargestellt habe, da sie gewußt hatte, daß Männern dieses gefällt und sich nur dann auf sie einließen würden. Sie erzählt weiterhin, daß sie Männer nur als Vergewaltiger und Würger kennengelernt habe und daraus abgeleitet habe, daß es nur recht und billig sei, wenn sie so von allen behandelt würde. Max scheint sie auch nicht gerade gut zu behandeln, dennoch vergöttert sie ihn und will alles ertragen, wenn sie nur die Aussicht auf Hilfe durch ihn hat. Max antwortet auf ihren Brief und gibt ihr zu verstehen, daß sie sich an jemand anderen klammern solle, von ihm könne sie keine Hilfe erwarten. Er erzählt ihr in seinem Brief, daß er während ihrer Beziehung ein Verhältnis zu einer anderen hatte, die ihn jedoch verließ, woraufhin er so verletzt sei, daß er sich von keiner Frau jemals wieder „hineinreden" lassen wolle.

In den Briefen geht es damit um drei Personen oder vielmehr um zwei Fauentypen und einen bestimmten Männertyp.
Anna und Max sind eher „klassische" Fleißer-Typen, wie sie in vielen Erzählungen vorkommen: Anna wird mißbraucht, erscheint ärmlich und unterwürfig und Max wird als egoistischer, ausnutzender Unterdrücker charakterisiert.
Beide ergänzen und brauchen sich für das Aufrechterhalten ihrer psychischen Konstitution.
Durch Max' Brief wird eine weitere Frau eingeführt, die einen gänzlich andere Frauentypus verkörpert als Anna. Die zweite Frau ist sozial höher gestellt als sie und Max.
Er steht zwischen diesen beiden Frauentypen; auch formal ist er zwischen ihnen eingebettet (Annas Brief und der Einführung der anderen Frau). Darin drückt sich auch die Beziehungsmöglichkeiten für einen Männertyp wie Max ihn darstellt aus: entweder hat er eine körperliche Beziehung zu einer Frau, die sich ihm unterwirft und die er nicht ernst nimmt (redet sie in seinem Brief mit „Liebes Kind!" an) oder er sieht zu einer Frau auf, an die er nicht heranreicht und die ihn letztendlich aber abblitzen läßt, was für ihn eine nie heilende Verletzung darstellt und sogar Rachegefühle in ihm auslöst, die er auf alle Frauen verallgemeinert

Seitdem bin ich mit der Frau fertig, wenn ich sie auch nicht vergessen kann. [...] Sie hat mich zu tief verletzt. [...] Ich will sie noch in der Gosse sehen. [...] So wie es jetzt steht, bekommt mich überhaupt keine Frau mehr. Ich will mir nicht mehr hineinreden lassen.[1]

Er scheint aber nicht deswegen verletzt zu sein, weil sie seine große Liebe war, sondern weil er von ihr abgelehnt wurde. Überhaupt ist sein Motiv für eine Beziehung zu dieser Frau wohl eher der Anreiz, ob einer wie er, der sozial schon niedriger gestellt ist, es schaffen würde sie zu erobern

Ich weiß eigentlich nicht, was denn so Verheerendes an ihr dran war. Vielleicht nur, weil es so schwer war, an sie heranzukommen. Die Eitelkeit spielt ja bei uns eine große Rolle.[2]

Zum Schluß seines Briefes gibt er Anna den Tip, daß sie auch „mehr zu sagen gehabt hätte, wenn sie sich nicht so grenzenlos auf ihn eingestellt hätte".
Auf Anna bezogen hat Max damit vollkommen recht, trotzdem blieb für mich die Frage, ob daß auch auf ihre Beziehung zu Max etwas geändert hätte, da er doch recht widersprüchliche Forderungen und Vorstellungen von Frauen und Beziehungen zu haben scheint, denn einerseits will er sie unterwerfen, andererseits will er sie achten können, was sich jeweils ausschließt.

𝕯𝖎𝖊 𝕯𝖗𝖊𝖎𝖟𝖊𝖍𝖓𝖏𝖆𝖍𝖗𝖎𝖌𝖊𝖓

In einer Gruppe von Dreizehnjährigen steht die Beziehung zwischen Willy Sandner und Olga im Vordergrund. Sandner möchte Olga als Freundin für sich. Er fordert von ihr ein Taschentuch als Pfand, das sie ihm auch gibt. In dieses Taschentuch wickelt Sandner einen Brief an Olga und gibt ihr das Tuch mit dem Brief zurück. Sie verpaßt ihm eine Ohrfeige, nachdem sie den Brief gelesen hatte. Bei einer späteren Begegnung fordert Sandner Vergeltung für die Ohrfeige. Daraufhin bestellt sie ihn nachts an die Brücke, weil sie ihm etwas geben müsse, versetzt Sandner aber. Später sagt sie ihm, sie gehe jetzt mit einem anderen. Nach dieser letzten endgültigen Zurückweisung Olgas, die auch durch Sandners Selbstmorddrohung nicht umgestimmt werden kann, hängt er sich schließlich auf.

Textänderungen

In der ersten Fassung von 1923 hieß die Erzählung noch „Meine Zwillingsschwester Olga". Durch die Veränderung in „Die Dreizehnjährigen" verändert sich bereits entscheidend die Leseanweisung. Der ursprüngliche Titel erhellte manche Bezüge der Erzählung. Der Erzähler gibt sich als der Zwilling, das alter ego, von Olga zu erkennen und damit auch ein kaum geschiedenes Verhältnis von Erzähler und Titelfigur.
Die Fassung von 1972 zeichnet sich durch sprachlichere Deutlichkeit aus, bzw. durch eindeutigere Zuweisung des Gesprochenen z. B. durch Einsatz von Anführungszeichen bei wörtlicher Rede. Die dadurch gewonnene Deutlichkeit bringt den Verlust an Unmittelbarkeit mit sich, da das Zuweisen und Kenntlichmachen aus einer distanziertenren reflektierten Position erfolgt und diese dem Leser somit vermittelt wird. Diese Klarheit entspricht auch einem

---

[1] Fleißer: Briefe aus dem gewöhnlichen Leben. S.22 Hier und im folgenden zitiert nach: Ein Pfund Orangen. Frankfurt 1972.
[2] Ebd. S.22

anderen klareren Bewußtseinszustand. Deutlich wurde mir dies besonders an der Erzählung „Die Stunde der Magd", bei der in der ersten Fassung die Vergewaltigung durch den Hausherren eher angedeutet bleibt (was auch ganz dem Empfinden des Dienstmädchens zu entsprechen scheint), während in der überarbeiteten Fassung klar herausgestellt wird, das er sie vergewaltigt hat. Süßmann ist der Meinung, daß Fleißer den Wert ihrer avantgardistischen Texte nicht kannte und deshalb ihre Texte einer Überarbeitung unterwarf.

Was der Unterwerfung und dem Zorn der Selbstbehauptung abgerungen worden war, ging ihr durch die biographische Entwicklung wieder verloren.[3]

Fleißers Texte sind oft mit „Leerstellen" durchsetzt. Gemeint sind damit die vielen „es", für die der Leser selbst eine Erklärung finden muß, der Text verbleibt somit in einer Undeutlichkeit, einer Verweigerung.
Durch das Zwillingsmotiv im Titel wird auf die geheime Identität zwischen Olga und dem Erzähler hingedeutet, was ganz der Annäherung bis zur Verschmelzung des Erzählers an das Erzählte entspricht (Widerspruch zwischen auktorialer und personaler Erzählperspektive).

Inhaltlich geht es in der Erzählung um Sandner, der Olga beeindrucken, für sich gewinnen und nur für sich ganz beanspruchen will und Olga, die sich gegen diese Besitzansprüche wehrt und verweigert. Süßmann beschreibt die anfängliche Szene somit denn auch als die Einführung in ein männlich provozierendes und weiblich ausweichendes, sich verweigerndes Handlungsprinzip: Sandner mit seiner weißen Tonpfeife, mit der er Olga beeindrucken will und Olga, deren ausweichender Blick in eine schwarze Öffnung mündet. Ihre Verweigerung provoziert die Vernichtung des Verschmähten, hier die symbolische Selbstkastration (Sandner zerbricht seine Tonpfeife, weil Olga sich abwendet). Damit ist die weitere Handlung der Erzählung vorweggenommen, sie endet nach mehrmaliger Konfrontation zwischen Olga und Sandner mit dessen Selbstmord. Sandner und Olga sind gleichermaßen in ihren Konflikt verstrickt und damit unauflöslich aneinander gefesselt, da auf jede Aktion eine Reaktion erfolgt.
Olgas Empfindungen für Sandner sind zwiespältig.

Die masochistische Wonne, von ihm begehrt zu werden, aber sein Begehren abweisen zu müssen, weil es totalitär ist und Olgas Selbstaufgabe verlangt, die Erfahrung des Machtkampfs als Kern des Geschlechtsverhältnisses und schließlich die Erkenntnis der eigenen Macht in dieser Struktur, der Macht der Zurückweisung, die jedoch zugleich der Schmerz der Triebversagung ist, all dies bleibt vorbewußt, wird ausgedrückt allein durch Olgas Körperreaktion, ihren Satz und das blasphemisch verwendete Bild der Kreuzigung.[4]

In letzter Konsequenz zieht Olgas Verweigerung Sandners Selbstmord nach sich, bei dem er ein Büschel von ihren langen Haaren in der Hand hält, das er ihr bei einem Streit abgeschnitten hat, seitdem sie wie ein Knabe wirke. Siegen kann sie also nur um den Preis ihrer Weiblichkeit.

Das Gesetz des Geschlechterkampfes läßt einen Sieg der Frau nicht zu. Unterwirft sie sich nicht bedingungslos, so verliert sie unweigerlich ihre Geschlechtsidentität.[5]

---

[3] Süßmann: Wie Kinderzeichnungen. S.62
[4] ebd. S.65f.
[5] ebd. S.66

Literaturangaben

Fleißer, Marieluise: Ein Pfund Orangen. Frankfurt 1972.
Süßmann, Johannes: Wie Kinderzeichnungen? In: Avantgarde. S.59 – 69.